Christine Michaud

Caderno de exercícios para atrair felicidade e sucesso

Ilustrações de Jean Augagneur

Tradução de Sonia Fuhrmann

© Éditions Jouvence S.A., 2012.
Chemin du Guillon 20
Case 1233 — Bernex
http://www.editions-jouvence.com
info@editions-jouvence.com

Tradução realizada a partir do original em francês intitulado *Petit cahier d'exercices pour attirer à soi bonheur et réussite*

Direitos de publicação em língua portuguesa — Brasil:
2018, Editora Vozes Ltda.
Rua Frei Luís, 100
25689-900 Petrópolis, RJ
www.vozes.com.br
Brasil

Todos os direitos reservados. Nenhuma parte desta obra poderá ser reproduzida ou transmitida por qualquer forma e/ou quaisquer meios (eletrônico ou mecânico, incluindo fotocópia e gravação) ou arquivada em qualquer sistema ou banco de dados sem permissão escrita da editora.

CONSELHO EDITORIAL

Diretor
Gilberto Gonçalves Garcia

Editores
Aline dos Santos Carneiro
Edrian Josué Pasini
Marilac Loraine Oleniki
Welder Lancieri Marchini

Conselheiros
Francisco Morás
Ludovico Garmus
Teobaldo Heidemann
Volney J. Berkenbrock

Secretário executivo
Leonardo A.R.T. dos Santos

Editoração: Fernando Sergio Olivet da Rocha
Projeto gráfico: Éditions Jouvence
Diagramação: Sheilandre Desenv. Gráfico
Revisão gráfica: Nilton Braz da Roc
Capa/ilustrações: Jean Augagneur
Arte-finalização: Editora Vozes

ISBN 978-85-326-5798-5 (Brasil)
ISBN 978-2-88353-991-4 (Suíça)

Este livro foi composto e impress pela Editora Vozes Ltda.

Dados Internacionais de Catalogação na Publicação (CIP)
(Câmara Brasileira do Livro, SP, Brasil)

Michaud, Christine
  Caderno de exercícios para atrair felicidade e sucesso / Christine Michaud ; ilustrações de Jean Augagneur ; tradução de Sonia Fuhrmann. — Petrópolis, RJ : Vozes, 2018. — (Coleção Praticando o Bem-estar)

  Título original: Petit cahier d'exercices pour attirer à soi bonheur et réussite

  2ª reimpressão, 2022.

  ISBN 978-85-326-5798-5

  1. Autorrealização (Psicologia) 2. Felicidade I. Augagneur, Jean. II. Título. III. Série.

18-15964
CDD-158

Índices para catálogo sistemático:
1. Felicidade : Psicologia aplicada   158

Maria Alice Ferreira — Bibliotecária — CRB-8/7964

Você conhece a receita da felicidade e do sucesso?

Talvez já a tenha experimentado, não é? Se for o caso, você tem algumas pistas dos ingredientes que a compõem... Mais ou menos, você responderia. No entanto, alguém que já cozinhou sabe que uma **mesma** receita não terá o mesmo gosto, dependendo de quem a preparou.

Suponhamos que você adore bolo de chocolate. Sem dúvida já experimentou várias vezes essa delícia; no entanto, pode ser que as receitas tenham sido diferentes. Todas tendo como resultado o delicioso bolo de chocolate, mas talvez com pequenas (ou grandes) variações de ingredientes, de quantidades e de maneiras de preparar.

Da mesma forma é a vida!

E, provavelmente, isso é o que a torna tão interessante e fascinante. Muitos caminhos levam a Roma (ou a outros lugares!), da mesma forma que uma porção de truques e astúcias pode atrair para você felicidade e sucesso.

O importante consiste em, antes, descobri-los, para em seguida experimentá-los e, assim, descobrir a própria receita!

"Podemos tirar tudo de um homem, exceto uma coisa, a última das liberdades humanas: a escolha de sua atitude em qualquer circunstância, a escolha de sua própria maneira de agir."
— Victor E. Frank

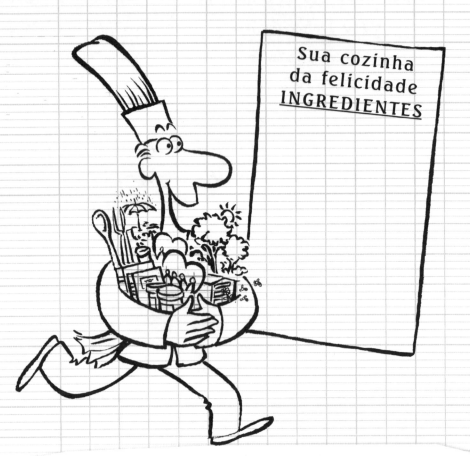

Nota bene: sua receita de felicidade e sucesso poderá evoluir com o passar do tempo, assim como você. Aquela que se mostra hoje mais adequada, pode não ser mais em alguns anos... E é por isso que não se deve nunca repousar sobre os louros conquistados, mas estar sempre aberto às novidades. Assim, é muito mais estimulante!

Quiz

Para traçar uma rota e chegarmos ao destino, devemos conhecer nosso ponto de partida. Antes de aprender alguns truques e astúcias suscetíveis de atrair felicidade e sucesso, calcule o seu coeficiente de atração.

Você é atrativo ou repulsivo?[1]

Marque a primeira resposta que lhe vem à mente (sem preconceitos!) nas seguintes situações:

1. Um amigo lhe diz que acabou de ganhar na loteria.

a. Você pensa: "Isso não aconteceria comigo".

b. Você fica com ciúme e pensa o que poderia fazer no lugar dele.

c. Você fica quase tão entusiasmado quanto ele e muito contente.

---
[1] Utilizamos o masculino por comodidade.

2. Solteiro há algum tempo, você fica sabendo que seu(sua) amigo(a), que também era solteiro(a), acaba de encontrar o ser mais perfeito e inacreditável que possa existir.

   a. Você fica triste por estar sempre sozinho...

   b. Chocado, você se pergunta o que essa pessoa tem a mais do que você para atrair o amor ideal!

   c. Você fica muito feliz, pois acredita que os encontros felizes ainda são possíveis.

3. Seu colega de trabalho sai da sala do chefe com um ar satisfeito e diz a você que obteve A promoção que você também esperava.

   a. Você não consegue ouvi-lo contar os detalhes dessa boa notícia, pois pensa nas possíveis razões que explicariam o motivo de não ter sido escolhido.

   b. Você pensa que seu chefe é um imbecil por ter escolhido essa pessoa.

   c. Você fica entusiasmado com o sucesso do colega, imaginando que, na próxima vez, talvez seja você!

4. Você dá uma volta no quarteirão e percebe que um dos vizinhos acaba de comprar uma Ferrari vermelha novinha.

   a. Você pensa que isso só acontece com os outros...

   b. Você suspeita que o vizinho é traficante de drogas ou outro comércio ilegal.

   c. Você para e admira o carro espetacular, pensando que algum dia seria ótimo dirigir um desses.

Não importa muito o resultado do quiz. Podemos sempre mudar para melhor!

E se seu coeficiente de atração já é alto, você pode desenvolvê-lo ainda mais e, principalmente, aprender a concretizar os desejos mais rápida e facilmente.

Resultados

Se você marcou majoritariamente a letra (a). Você precisa de reforço positivo. Acima de tudo, faça o necessário para desenvolver a confiança em si mesmo e o otimismo. Tudo pode acontecer. Muito mais do que imagina....

Se você marcou majoritariamente a letra (b). Não há como negar, você é muito crítico. Mas não se preocupe, isso tem cura. Você foi provavelmente programado para pensar dessa forma [há algum tempo]. Tudo se transforma.... Só depende de você; tenha consciência e traga mais amor e luz a sua vida.

Se você marcou majoritariamente a letra (c). Parabéns! Você é um imã que atrai facilmente o belo, o bom e o bem. Você já deve ter percebido os resultados positivos em sua vida. Continue, você é um modelo!

O que eu quero?

Eis uma grande questão (depois de "Quem sou eu?", é claro!):

"Se você encara o bom caminho, só lhe resta caminhar".
                                                    Provérbio budista

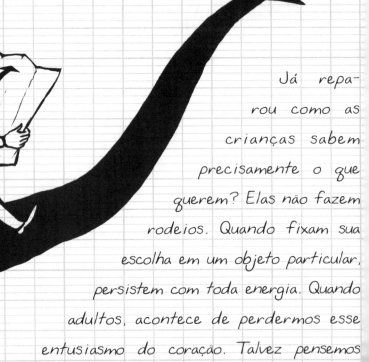

Já reparou como as crianças sabem precisamente o que querem? Elas não fazem rodeios. Quando fixam sua escolha em um objeto particular, persistem com toda energia. Quando adultos, acontece de perdermos esse entusiasmo do coração. Talvez pensemos demais... Frequentemente, sabemos o que não queremos, mas daí até dizer de imediato o que desejamos, há um abismo desencorajador...

Aqui vai um pequeno truque para ajudar.

Exercício só para adultos

Para começar, identifique, com muita calma, o que atualmente é um peso em sua vida. O que lhe causa desgosto? Em que esfera da vida você tem a impressão de que está sem bateria? Para descobrir use o tempo para colorir os carimbos representando as partes de sua vida que poderiam ser melhoradas. Complete, se necessário, o carimbo "outros". Colorir as partes em que o descontentamento é maior.

Expulsar a maldade

Antes de mergulhar no positivo e fazer o pedido exato daquilo que deseja atrair para aumentar a felicidade e o sucesso, muitas vezes é necessário esvaziar o que está cheio de negativo acumulado.

Reflita sobre tudo aquilo que durou muito em sua vida, as situações estressantes pelas quais não quer mais passar, ou tudo o que não é mais indispensável ou agradável.

Por exemplo, você não quer mais "ser feito de gato e sapato", sempre fazendo tudo pelos outros. Ou, então, não quer mais ter preocupações financeiras.

A lista pode ser longa...

ATENÇÃO: este será o único exercício do livro permitindo que faça reclamações. Então esvazie o saco!

Agora é com você! Faça uma lista.

Eu não quero mais:

- ....
- ....
- ....

Viva o discurso positivo

Você sabe o que é uma **lítotes**?

Eis a definição do dicionário (Petit Robert): figura de retórica que consiste em atenuar a expressão do pensamento fazendo uma afirmação por meio da negação do contrário.

Como por exemplo:

Ele não é feio... Não é tão ruim... Não é gostoso....

Confessemos que temos tendência em falar assim... Numa loja, às vezes ouvimos: "Você não teria isso...?" Para que tanto problema em dizer as coisas positivamente?

Não surpreende que consigamos atrair o contrário do que queremos. Programamo-nos frequentemente nesse sentido. Felizmente, possuímos um enorme poder: o de modificar as coisas para melhor. Primeiramente podemos ser mais atentos em relação a nosso discurso e às palavras que empregamos.

Por exemplo, se você tem o hábito de dizer: "Eu sempre estou na fila mais lenta do caixa do supermercado!", é isso que continuará a atrair. Pare! E nem é preciso afirmar o contrário, basta não prestar mais atenção. Vá calmamente para a fila de espera, sem expectativas. Se ela parecer muito lenta, não ligue para isso. Não se precipite em tirar conclusões afirmando que "É sempre assim". Aproveite para pensar naquilo que faz bem e que é positivo em sua vida. Você começará a atrair o positivo!

É a lei!

Você conhece a lei da atração? Tão importante quanto a lei da gravidade, ela afirma que:

Quem se assemelha aproxima

Vamos colorir essa lei!

Os pensamentos que você cultiva estimulam as emoções que trazem até você o que vibra no mesmo nível. De certa forma, isso é uma questão de frequência. Você atrai para sua vida aquilo que considera mais ou que chama sua atenção. Assim, as emoções servirão de fiel da balança para tudo: assemelham-se a um barômetro, como veremos mais adiante. Várias noções explicadas nas páginas seguintes farão parte desse processo de atração.

Entretanto, é preciso lembrar que um pensamento pode facilmente fazer com que você sinta uma emoção que, conforme tenha uma conotação positiva ou negativa, atrairá o que se harmoniza com ela. Assim, quando pensa em viajar para a praia, se consegue sentir o calor sobre o seu corpo (ou sentir a maresia, o som das ondas etc.), então sentirá uma emoção positiva que poderá desencadear o processo de atração. De repente, pode encontrar uma promoção ou ainda ser convidado por um amigo!

Por outro lado, se está sempre aguardando que algo ruim aconteça, sempre se sentindo angustiado ou com aquele aperto no coração, você corre o risco de ver os piores cenários se realizarem.

Você é o criador de sua vida!

Veja bem que as pessoas que falam sempre dos problemas que têm... sempre têm problemas! Aqueles que só reclamam, tendem a atrair o infortúnio. Ao contrário, as pessoas sorridentes, os **bon-vivants**, aqueles que alimentam os bons sentimentos e esperam o futuro de maneira positiva tendem a atrair o positivo em suas vidas. É O GRANDE BOM-SENSO!

As pessoas consideradas como tendo mais sorte são frequentemente as mais otimistas. Elas cultivam os pensamentos positivos, permitindo que se sintam bem, o que as leva a agir de maneira a, em seguida, ganhar o prêmio. Elas agarram facilmente as oportunidades, vivendo muito mais no plano da inspiração do que no controle ou no papel de vítima.

Em que você presta atenção?
O mais importante nesse processo de atração é nos manter sempre conscientes da mensagem que enviamos.

Como tudo é questão de vibração, devemos nos certificar de fazer o pedido da melhor forma possível.
Veja a vida, como uma criança de 5 anos. O universo responde ao seu desejo, mas o pedido deve ser simples, claro e conciso. Quando você emite o pedido, pergunte-se: "Isso pode ser mais específico?" Se a resposta é afirmativa, vá direto ao ponto. Assuma-se e imponha-se!

Exemplos:

Faça um círculo no elemento impactante nas seguintes frases:

Não quero mais ter problemas financeiros.

Gostaria de viver no litoral.

Você atrai aquilo que chama sua atenção. Elimine o "não" habitue-se a pensar, falar e viver de maneira positiva.

Analogia

Suponhamos que você procure informações sobre a músic **punk**. Talvez você use um navegador de internet... Sabendo qu você procura algo sobre música **punk**, mas também que detest música disco, você pode incluir na procura: "música disco não

OUÇA-ME BEM! DAQUI EM DIANTE EU QUERO INFORMAÇÕES SOBRE A MÚSICA PUNK

Você se pergunta: Quais serão as propostas do mecanismo de busca?

Uma infinidade de informações e de textos sobre a música disco!

O programa da internet desconsidera a negação. Ele procura principalmente as correspondências.

O mesmo ocorre com as buscas em nossas vidas!

Senão, o quê?

Pegue a lista daquilo que não quer mais em sua vida e, para cada item, pergunte-se: "Mas então, o que eu quero?"
Por exemplo, se você anotou que não quer mais viver estressado por causa de dinheiro, pode pedir a abundância.
Se você não gosta de seu trabalho, peça para descobrir sua missão de vida ou a encontrar um emprego que dê um sentido a sua existência.

Agora é a sua vez:

- ....
- ....
- ....

Gostei disso; assim sendo, extrapolo!

Agora que você passou para o lado positivo, aproveite e vá mais longe.

Anote todos os seus sonhos, os pequenos e os grandes, os importantes e os insignificantes e até mesmo aqueles que parecem completamente malucos!

Estimulação da imaginação
Imagine o que poderia realizar se tivesse dez milhões de reais em sua conta bancária. Ou ainda, pergunte-se o que desejaria ser, fazer ou ter antes de morrer.

Antes de completar o exercício
Assegure-se de estar só, em um local propício para a imaginação. Instale-se confortavelmente, coloque uma música tranquila e inspiradora. Depois anote tudo com calma, sem críticas, somente pela satisfação!

Conselho da maior importância
Escreva tudo o que passar pela mente, mesmo que isso pareça fútil ou absurdo. Atrás de uma aparente banalidade se encontram provavelmente sonhos mais importantes. Se bloquear os primeiros, talvez não consiga chegar nos que ficam escondidos...

Escrevo minha lista de sonhos

Priorizar

Com a intenção de aproveitar ao máximo o conteúdo deste pequeno Caderno, releia, sem pressa, a série de sonhos anotados na lista acima e sinta com o coração aqueles que parecem mais importantes ou prioritários para você.

Técnica eficaz para anotar os sonhos

Lembre-se: escreva os sonhos sempre no presente, utilizando palavras positivas. Dessa forma, você vai se conectar a belas afirmações positivas. Elas dão resultados maravilhosos, pois programam nosso cérebro. Quanto mais você repeti-las (em voz alta ou em silêncio), melhor será o efeito.

Quando quer, por exemplo, atrair prosperidade para sua vida, você pode escrever:

O dinheiro chega até mim livremente, facilmente e rapidamente.

ou

A abundância chega até mim em todas as formas e sou muito grato.

Para encontrar um novo emprego:

Meu trabalho me enche de alegria e permite que me realize plenamente, dando sentido a minha vida.

Para encontrar o amor:

Eu vivo uma relação amorosa harmoniosa e plena de qualquer ponto de vista. Amo e me sinto amado.

Para uma saúde melhor:

Tenho muita energia e uma vitalidade resistente.

Outros exemplos de afirmações positivas.
Assinale aquelas que são mais inspiradoras.

- [ ] Vivo no amor, na felicidade, na paz e na abundância.
- [ ] Consigo atrair sucesso e abundância para a minha vida.
- [ ] Sinto grande paz interior.
- [ ] Tenho sucesso em tudo.
- [ ] Tenho confiança em mim e na vida.
- [ ] Coisas maravilhosas acontecem comigo.
- [ ] Sou radiante, como um ímã que atrai pessoas boas, felicidade, sucesso e abundância.
- [ ] Estou bem comigo mesmo.
- [ ] Tenho tudo o que é preciso para ser feliz.
- [ ] O que é bom chega até mim de maneira fácil e sem esforços.
- [ ] Todos os dias, tenho boas ideias e inspirações criativas.

Entre os sonhos anotados, escreva aqui aqueles que lhe parecem os mais importantes ou prioritários em sua vida atual:

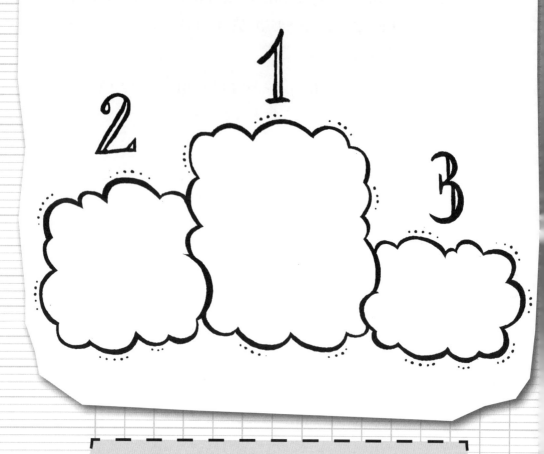

Um pouquinho mais...
Escreva os três sonhos prioritários em um cartãozinho e coloque em sua carteira para servir de lembrete...

Magia

Faz tempo que você não vê um mágico fazendo truques? Possivelmente já se encantou com as mágicas, cada uma mais impossível do que outra. Talvez até tenha tentado descobrir o truque escondido em uma ou outra delas. Será que tentou descobrir o segredo da mágica para tentar repeti-la e deixar todo mundo espantado? É bem possível, não é?

Qualquer que seja o motivo, descobrir o truque ou tentar reproduzi-lo, se quiser realmente fazer mágicas, deverá entrar numa escola e aprender os truques, tornando-se assim um mágico de verdade!

Sabe onde tudo isso nos leva?

A vida pode parecer um pouco mágica quando se consegue atrair o emprego dos sonhos ou o amor ideal. Você ficaria surpreso e às vezes espantado ao constatar que, atualmente, passa por um período em que a vida parece generosa e que está completamente feliz. Senão, talvez fique com inveja do vizinho que mostra o carro dos sonhos ou aquele colega que teve a sonhada promoção.

E se isso tudo não passasse de um truque aprendido? Como um passe de mágica?

Bem, toda magia pode ser explicada, mas continua sempre a impressionar e a divertir, principalmente quando é feita diante de nossos olhos.

NADA MAL, É QUASE ISSO! VAMOS LÁ, TENTE NOVAMENTE.

Um pedido a fazer

A primeira etapa essencial para atrair o que deseja consiste em fazer o pedido. Simples assim!

Antes de ir às compras, pode fazer uma lista para lembrar-se de tudo o que precisa comprar. No restaurante, você olha o cardápio e escolhe o que quer comer para, em seguida, fazer o pedido ao garçom. Quando sai de férias, escolhe o destino e faz as reservas de hotel.

O mesmo acontece com o que deseja atrair para sua vida.

"ESCOLHER; depois, FAZER O PEDIDO"

Com calma, desenhe aqui esse preceito.

Procura-se um amor

Vamos pegar o exemplo de uma mulher desejando atrair o amor em sua vida. Ela quer um namorado para compartilhar a existência. Para fazer o pedido ela poderia escrever o que precisamente procura. Talvez devesse identificar as qualidades que chamam sua atenção em um homem...

Exemplo de descrição de um homem dos sonhos:

- Idade entre 45 e 55 anos
- Grande e forte
- Cabelos castanho-escuros
- Carismático
- Ativo
- Sociável
- Inteligente e engenhoso
- Tranquilo

- Com senso de humor
- Sincero e fiel
- Espirituoso
- Jogador de golfe
- Independente financeiramente
- Romântico
- Aprecia as boas coisas da vida
- Gosta de música e de dançar

Para completar a descrição, ela poderia acrescentar imagens do tipo de homem perfeito. Técnicas de visualização desse tipo serão propostas mais adiante...

Quanto mais a imagem do objeto do desejo for clara e conhecida, como se já estivesse materializada, mais o processo de atração será poderoso e rápido.

Simples e divertido

Há uma condição essencial para a manifestação de seus desejos: não se estressar com os procedimentos, mas aprender a:

ESCOLHER, FAZER O PEDIDO, e em seguida DESPRENDER-SE!

É preciso que seja simples e divertido como todos os truques de mágica!

Pense no estado em que se encontra quando planeja uma viagem ou qualquer outra atividade interessante e que começa a se preparar. Sabe que um dia vai acontecer e a imagina com desprendimento, confiança e felicidade. Você pensa: "será divertido quando...", e sente até mesmo uma alegria a mais só de pensar no caminho que leva até... Você deve adotar o mesmo estado de espírito para tudo o que desejar ter ou realizar na vida.

Uma intenção pura

É preciso saber não só o que queremos, mas também o motivo de querer.

Por exemplo:

- Por que queremos ser prósperos?
- Por que desejamos um novo emprego?
- Por que queremos um(a) namorad(a)?

Uma intenção pura, vinda do coração, terá muito mais poder do que um desejo racional, lógico. É necessário querer transformar a vida para melhor. É isso o que pede sua alma. Se deseja realizar um sonho para outra pessoa, para provar alguma coisa ou para preencher uma carência, você terá pela frente um caminho muito mais longo e árduo...

Quando nos damos uma perspectiva de conjunto e a longo termo, vamos querer manifestar alguns desejos para dar um sentido a nossa vida.

Para ajudá-lo a focalizar o que realmente conta e dá sentido à vida, faça o exercício seguinte:

Contextualizar
Hoje é seu aniversário. Você faz 80 anos! Várias pessoas do seu círculo de conhecidos se reuniram para celebrar o evento. Durante a festividade, quatro pessoas prepararam um pequeno discurso para lhe fazer uma homenagem. O que gostaria que dissessem a seu respeito?
(Não se trata de escrever o que acha que dirão, mas o que gostaria que dissessem.)

Seu(sua) namorado(a)

Seu(sua) filho(a)

Seu(sua) melhor amigo(a)

Um(a) colega de trabalho

Você não é obrigado a responder para cada uma das quatro pessoas propostas. Poderá adaptar e acrescentar outras pessoas. No entanto, mesmo não possuindo atualmente um(a) namorado(a), fazendo esse exercício poderá imaginá-lo, visualizá-lo...

Com "gratidão-ação"!

A gratidão é um sentimento poderoso que, quando se apresenta, nos leva ao topo da escala das emoções humanas. Quando apreciamos ou agradecemos alguém ou alguma coisa, nos sentimos mais leves, num estado de contentamento e de beatitude. Sentimos mais vontade de sorrir ou de cantar!

Podemos sentir gratidão por tudo o que já faz parte de nossas vidas, por nossos relacionamentos e até por "nossa maravilhosa" própria pessoa.

Escreva três agradecimentos para o passado e para o presente:

1 ....
....

2 ....
....

3 ....
....

Podemos até mesmo agradecer pelo que virá...

Escreva três agradecimentos para o futuro:

1 ....

 ....

2 ....

 ....

3 ....

 ....

Para desenvolver o hábito da "gratidão-ação", torne-se contemplativo!
Encante-se cada vez mais!

Abra os olhos e observe toda a beleza e a abundância do mundo. Encha o espírito das imagens positivas que demonstram o quanto tudo é possível. Deixe-se levar por esse doce sentimento e veja o universo se transformar para melhor.

Se seu coração assim quiser, encontre-se toda noite com a gratidão: agradeça três momentos do seu dia. Como numa prece, você se deixará levar nos braços de Morfeu de maneira positiva e relaxada.

É preciso ver para crer

Como a lei da atração estipula: as emoções ligadas aos nossos pensamentos produzem um efeito. Assim, temos todo interesse em agir com a intenção de vibrar ainda mais.

Muitas vezes, ver nos ajuda a sentir!

O que é interessante em nós, seres humanos, é que podemos ser, fazer e ter o que quisermos em nossos pensamentos. Temos a capacidade de nos tornarmos os maiores cineastas da felicidade e do sucesso quando escolhemos as imagens que vamos projetar para nós mesmos.

Por outro lado, os cientistas demonstraram que, quando, por exemplo, uma atividade esportiva é visualizada, zonas do cérebro se ativam como se a situação fosse real. Os atletas de alto nível utilizam esse truque para se preparar para as provas.

Uma prova concreta

Imagine um belo limão siciliano bem amarelinho. Corte-o em quatro e sinta o delicioso cheirinho... Depois, dê uma boa mordida num desses pedaços.

Você terá a impressão de salivar mais ainda. Suas papilas gustativas foram de certa forma aguçadas. Você conseguiu reproduzir o efeito do limão em sua boca, sem realmente viver a experiência. Nesse sentido, podemos dizer que seu cérebro pode se programar facilmente. Então, vamos programá-lo positivamente?

Ao formar e manter de modo constante as imagens no consciente, você conseguirá imprimi-las no inconsciente para que sejam materializadas.

Três exemplos de programação

1. As superstições

As pessoas supersticiosas acreditam que algumas ações têm consequências positivas ou negativas. Imaginam que uma situação ou um objeto, por exemplo, atrai a infelicidade.

Passar por baixo de uma escada inclinada, por exemplo, traz má sorte, assim como deve-se evitar usar roupa nova às sextas-feiras; ou, ainda, não se deve quebrar um espelho. Diante dessas situações o supersticioso corre o risco, infelizmente, de transformar suas crenças em realidade.

Leia a frase de Epíteto e pinte as letras com lápis de cores diferentes.

"Para mim, só existem bons presságios, pois o que quer

que aconteça depende só de eu perceber neles o bem."

2. O efeito placebo

O efeito placebo (do latim "eu agradarei") ilustra igualmente a influência da mente sobre o corpo. Um paciente que recebe um "medicamento falso" (como uma pílula de açúcar), convencido de tomar o medicamento que vai diminuir seu sofrimento ou até curá-lo, terá grande chance de ver seus prognósticos serem realizados. Fala-se, nesse caso, de autossugestão.

Ao contrário, fala-se de efeito nocebo (do latim "eu causarei dano"), que pode produzir resultados negativos... Por exemplo, conforme um artigo do **Courrier International**[2], as mulheres, acreditando estarem em risco cardíaco, apresentariam quatro vezes mais riscos de morrer de doenças cardiovasculares do que aqueles tendo o mesmo fator de risco.

---

2. Courrier International, 16/07/2009: "Attention: se croire malade peut rendre malade". Helen Pilcher, New Scientist.

3. As crenças

Bernard Werber, em seu fabuloso livro **Encyclopédie du savoir relatif et absolut**, conta a história de um marujo que inadvertidamente encontrou-se preso na câmara frigorífica de um navio. Durante todo o percurso, ele grava a narrativa de seu terrível suplício nas paredes de sua prisão. Conta como dia após dia, hora após hora, seus membros começam a enrijecer por causa do frio. Quando o navio chegou ao destino, ele foi encontrado de fato morto. Entretanto, quão surpreso ficou o capitão do navio ao constatar que o termômetro da câmara indicava 20 graus, significando que o sistema de refrigeração não havia sido acionado. O homem havia morrido por acreditar que o sistema de refrigeração funcionava e por imaginar sentir frio. Veja a que ponto a imaginação é poderosa.

Vamos aprender a utilizá-la eficientemente (e positivamente) e assim veremos verdadeiros milagres sendo produzidos!

Programar-se de maneira eficiente

Os 5 sentidos em ação!

Quanto mais seus 5 sentidos participarem da experiência, mais espetacular será a visualização.

Quando, por exemplo, quer atrair uma viagem para a praia, projete a imagem dessa paisagem em seu pensamento, sinta o cheiro do mar e da areia, sinta a doce brisa acariciando seu corpo, o vento quente... Imagine-se degustando um coquetel refrescante, sentindo-se em paz e relaxando numa cadeira de praia...

Faça o que for preciso para se convencer da realização de seu desejo.

Evite dizer:
"Eu sonho com..." "Eu desejo que..." "Eu espero que..."

Mas convença-se ao máximo, dizendo alto e bom som:

Frase para colorir: **"Eu sei que isso vai acontecer."**

E se for verdade?

Acreditaria que somos mais "adivinhos" do que pensamos?

Já reparou que as palavras "adivinho" e "divino" têm a mesma origem: do latim **divinus**? E se o divino nos enviasse mensagens?

> *"Se consegue formular um desejo, você também tem a capacidade de realizá-lo."*
>
> Richard Bach

Seriam nossos sonhos uma espécie de premonição de um futuro possível?

Por que alimentamos certos desejos? Nem todos sonhamos com as mesmas coisas. As coisas acontecem porque pedimos, ou temos sonhos porque sabemos que eles devem acontecer? Essa segunda possibilidade é bem atraente, não é?

Os bons duendes...

Vamos aprimorar nossa reflexão... Se nossos desejos existem porque devem ser realizados, imagine que você tem um galpão em algum lugar no universo onde estão guardados todos os seus sonhos revelados.

Conforme o caso, nesse galpão nós poderíamos encontrar um amor absolutamente perfeito, uma pequena casa de campo, um emprego gratificante etc.

Imagine que, ao encomendar um desses sonhos, pequenos duendes se apressem em retirá-lo do galpão e fazer a entrega.

Por capricho, não faça esses pequenos duendes irem e virem inutilmente, pedindo coisas e mudando de ideia no mesmo instante.

Imagine-se procurando uma nova casa, fazendo uma lista de tudo o que deseja nessa nova residência. Depois, no dia em que receber um amigo para jantar, conte-lhe que fez um pedido ao universo, à vida ou àquele em quem acredita.

Pode ser que esse amigo pense que você enlouqueceu repentinamente, talvez tente convencê-lo da quase total impossibilidade de realização de seu desejo. Quando o amigo vai embora, decerto você pode retomar a lista e eliminar alguns elementos para tornar o pedido mais realista.

O que acontece então?

Os pequenos duendes já haviam provavelmente iniciado a entrega do pedido. Estavam processando a entrega daquela casa dos sonhos, como descrita na sua primeira lista. Mas, ao perceberem a mudança de ideia e que o desejo não se encontra mais na sua lista inicial, não querendo desapontá-lo, eles devolverão toda a "mercadoria" para o galpão, esperando o dia no qual você ousará fazer o pedido daquilo que lhe é devido!

Quantos de vocês se reconheceram nessa alegoria?
Reconheçamos que temos tendência de agir dessa forma... Formulamos nossos desejos para imediatamente duvidar e mudar de ideia. Você não acha isso um pouco confuso, bem na hora da entrega da mercadoria?

Seis truques para testar seus talentos de cineasta interior

As técnicas de visualização criativa vão ajudá-lo a se programar para a felicidade e o sucesso. Só é preciso escolher aquela que você gosta mais e testá-la!

Truque # 1

A vidente da boa sorte

Você já consultou um médium, cartomante ou qualquer outro tipo de "vidente"?
Algumas pessoas temem que lhes sejam anunciados os maus presságios. Isso é compreensível, sabendo que, como em qualquer domínio, há aqueles mais dotados do que outros... E você tem razão em tomar cuidado com o que eles podem dizer, pois se decidir acreditar no que falam, se arrisca a desencadear um processo de programação que, talvez, materialize as más previsões em sua vida!

Todavia, confessemos: secretamente, todos nós sonhamos com a previsão da boa sorte! Então, por que não inventar agradáveis profecias, nos transformando em "videntes da boa sorte"?

Divirta-se redigindo um relatório das suas premonições positivas!

O quadro dos sonhos

Depois de identificados os sonhos a serem realizados, vá ao encontro das imagens que os ilustram. Você poderia, por exemplo, imprimir algumas imagens encontradas na internet ou recortar imagens em revistas etc.

O importante é usar imagens que produzam em você efeitos extremamente positivos.

Sobre uma cartolina ou um quadro de cortiça, cole essas imagens, umas ao lado das outras, para assim criar um quadro dos sonhos. Você pode montar um quadro que mostre vários sonhos almejados (vida amorosa, trabalho, finanças, saúde, objetos materiais etc.) ou, de maneira mais objetiva, fabricar um quadro visando um sonho específico.

Quando deseja, por exemplo, se mudar para uma nova casa, você pode fazer um quadro com imagens representando somente a sua casa dos sonhos, os diferentes cômodos, o terreno etc. Em seguida, pendure o quadro em um lugar onde possa vê-lo o mais frequentemente possível. Todos os dias, por alguns momentos, contemple essas imagens. Assim elas ficarão impressas em sua memória...

Não se surpreenda se algumas ideias geniais surgirem. Esse quadro funciona como uma inspiração, e seu espírito tentará encontrar maneiras de atrair o que aí se encontra. Será primordial ouvir aquela voz interior e agir conforme suas sugestões.

Carta para um amigo

Seguindo o mesmo tipo de ideias você pode igualmente escrever uma carta a um amigo relatando a realização de seu sonho.

Na carta, aproveite para explicar por que era tão importante realizar esse sonho. Coloque nela muita emoção. Diga como está orgulhoso e feliz por ter conseguido o que queria.

Truque # 3

(data) ....

Caro amigo ....

....
....
....
....
....
....
....
....
....
....
....
....

Seu amigo

xx

Trilha sonora de seu filme de vida

As músicas escolhidas para acompanhar as imagens de filmes podem provocar muitas emoções, já percebeu?

Algumas partes da trilha sonora nos colocarão em alerta, enquanto outras nos darão a sensação de leveza, nos fazendo sorrir. Ritmos diferentes são usados para acompanhar sequências do filme, tudo dependendo das emoções a serem sentidas.

Sirva-se dessa tática musical para seu processo de visualização: os resultados serão amplificados!

Alguns exemplos...
Para os sonhos amorosos, escolha uma canção como:
- **Une femme avec toi**, de Nicole Croisille.
- **Pour que tu m'aimes encore**, de Céline Dion.

Ou então, mais ousada...

- **Sexual healing**, de Marvin Gaye.

Um sonho para aumentar a autoestima ou para a superação pessoal, você pode escolher:
- **J'irai au bout de mes rêves**, de Jean-Jacques Goldman.
- **Simply the Best**, de Tina Turner.

Ou para aumentar suas forças, utiliza a música do filme **Rocky, um lutador!**
Você compreende o princípio?
Escolha peças musicais vibrantes, que mexam com você,
e ouça bem alto, sempre que possível!

Diário pessoal de provas

A partir do momento em que identificou, definiu e sentiu seus sonhos e desejos, a vida demonstrará de que modo a manifestação deles é possível.

Entretanto, as reações a essas múltiplas demonstrações poderão ajudar ou atrapalhar... De fato, quando outras pessoas conseguem o que, de fato, você almejou, provocando em você o ciúme ou a inveja, isso pode afastá-lo de seu sonho. Ao contrário, se conseguir ficar feliz com as realizações dos outros, você ativará o processo de criação.

Em um caderno bem bonito, anote todos os indícios provando que a realização de seu sonho é possível.

O poder da comemoração

Divirta-se comemorando imediatamente o sucesso futuro. Arrume a mesa com seus pratos mais bonitos, abra uma garrafa de vinho e comemore o sucesso antecipadamente. Isso ajudará a sentir as emoções positivas ligadas à manifestação de seus desejos.

E, se tiver amigos envolvidos com o mesmo tipo de processo, convide-os a participar dessa suntuosa **"comemoração de atração"**.

45

Um estado especialmente favorável...

Pesquisas provam que um dos estados mais favoráveis para a atração é o primeiro estado meditativo, também chamado de "alfa".

Esse modo é atingido durante a meditação, mas também graças à respiração consciente. É o estado em que nos encontramos naturalmente quando acordamos e imediatamente antes de dormir. Você pode atingir esse estado ao dirigir ou mesmo fazendo uma atividade física.

Para aumentar suas chances, uma excelente ideia seria visualizar seus sonhos nesse estado. E se ficar arrepiado fazendo esse tipo de exercício, saiba que aconteceu uma espécie de magia, o que é um excelente presságio.

Três maneiras de bloquear a dúvida

Aconteceu alguma vez com você desejar intensamente alguma coisa e depois notar que esse desejo perdia a intensidade?

Somos influenciados por nossas companhias, mas também por nossa falta de convicção. Às vezes, parece que existe dentro de nós um sabotador que se encarrega de mostrar mil e uma razões para que nossos sonhos não se realizem.

Um poderoso homem de negócios quebequense dizia em uma entrevista que o segredo de seu imenso sucesso residia no fato de nunca deixar a dúvida atravessar seu espírito, mesmo que ele parecesse louco!

Dessa forma, como fazer para bloquear essa dúvida capciosa?

Astúcia # 1

Utilize palavras-chave

Quando uma ideia negativa se apresenta em seu pensamento ou que alguma dúvida tenta se instalar, diga:

"Eu anulo e apago".

Essa astúcia pode parecer simplista, mas saiba que ela pode ser muito eficaz. Permite principalmente que você preste mais atenção em suas ideias. Refletindo e tendo tempo de dizer: "Eu anulo e apago", é como se você apertasse o botão "pausa" e revisse sua trajetória. Você se torna, assim, mais consciente e observador de si mesmo.

Repita um mantra
Astúcia # 2

A partir do momento em que uma ideia negativa vem ao espírito ou que uma dúvida tenta se instalar, repita algumas vezes o mantra de Émile Coué (pai do efeito placebo), que diz assim:

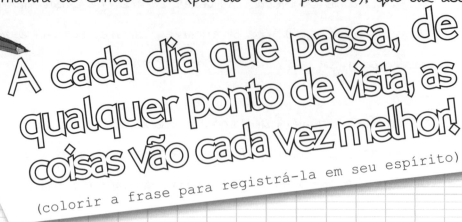

A cada dia que passa, de qualquer ponto de vista, as coisas vão cada vez melhor!

(colorir a frase para registrá-la em seu espírito)

Quieto! Isso é segredo!
Astúcia # 3

A melhor astúcia para evitar a má influência de algumas pessoas consiste em...

"Não lhes dizer nada".

Assim, você conservará a força de seus desejos, não arriscando de enfraquecê-los pelas palavras desencorajadoras dos outros.

Reforço positivo

"Não atraímos o que queremos, mas aquilo que somos."
A confiança em si mesmo é uma poderosa aliada no caminho da atração. Para aumentá-la, lembre-se de todos os formidáveis atributos que definem sua pessoa.

Na lista abaixo, assinale as características que melhor o representam:

- [ ] Agradecido
- [ ] Alegre
- [ ] Altruísta
- [ ] Amável
- [ ] Ambicioso
- [ ] Apaixonado
- [ ] Apaziguador
- [ ] Assíduo
- [ ] Astuto
- [ ] Atencioso
- [ ] Ativo
- [ ] Audacioso
- [ ] Autêntico
- [ ] Autônomo
- [ ] Batalhador
- [ ] Bom
- [ ] Brilhante
- [ ] Calmo
- [ ] Caloroso
- [ ] Caridoso
- [ ] Charmoso
- [ ] Compreensivo
- [ ] Compromissado
- [ ] Confiante
- [ ] Confiável
- [ ] Corajoso
- [ ] Crente
- [ ] Criativo
- [ ] Dedicado
- [ ] Determinado
- [ ] Dinâmico
- [ ] Disciplinado
- [ ] Divertido
- [ ] Eficiente
- [ ] Empreendedor
- [ ] Enérgico
- [ ] Engenhoso
- [ ] Engraçado
- [ ] Entusiasta
- [ ] Equilibrado
- [ ] Esperto
- [ ] Espontâneo
- [ ] Expansivo
- [ ] Experiente
- [ ] Fiel
- [ ] Franco
- [ ] Generoso
- [ ] Habilidoso
- [ ] Honesto
- [ ] Humano
- [ ] Íntegro
- [ ] Inteligente
- [ ] Intuitivo
- [ ] Jovial
- [ ] Leal
- [ ] Líder
- [ ] Metódico
- [ ] Natural
- [ ] Observador
- [ ] Ordeiro
- [ ] Otimista
- [ ] Paciente
- [ ] Pacífico
- [ ] Perseverante
- [ ] Perspicaz
- [ ] Polivalente
- [ ] Precavido
- [ ] Prestativo
- [ ] Realista
- [ ] Receptivo
- [ ] Respeitoso
- [ ] Responsável
- [ ] Rigoroso
- [ ] Sábio
- [ ] Seguro
- [ ] Simpático
- [ ] Sincero
- [ ] Sociável
- [ ] Talentoso
- [ ] Tolerante

Se necessário, acrescente qualificativos característicos de sua pessoa e que não se encontram na lista! Única regra: devem ser positivos!

Balanço de vida

Para ajudar a fazer pender ainda mais a balança do lado positivo, aproveite este pequeno caderno para fazer um relatório de tudo o que realizou até este dia.

Você passou por algumas dificuldades, mas certamente já atraiu boas coisas durante sua existência. Tenha consciência disso para amplificar seu sentimento de confiança.

O que já realizei até hoje (anote tanto as pequenas como as grandes realizações):

- ....
- ....
- ....
- ....
- ....
- ....

Uau! Tenho orgulho de mim mesmo!

Modelos inspiradores

Na programação neurolinguística ensina-se o conceito de modelagem, que permite observar os comportamentos de sucesso e determinar as condições em que ocorrem, para em seguida reproduzi-los.

Aplicado a sua estratégia de realização de sonhos e procura da felicidade, você deveria identificar quem são aquelas pessoas que representam modelos positivos em sua vida. Concretamente, trata-se de encontrar alguém que já realizou aquilo que você deseja materializar.

Se você puder encontrar-se com essa pessoa não hesite em fazer-lhe algumas perguntas sobre seu percurso de vida. Caso contrário, procure obter o máximo de informações sobre ela. Reflita levando em consideração essas informações.
Ouse imaginar que você é essa pessoa! Imite-a! Adote seus comportamentos e estratégias.

Volte para sua infância e lembre-se como era fácil imitar os adultos nessa época. Você brincava durante horas de "senhora X" ou de "senhor Y".

Divirta-se repetindo a experiência e reintegrando esse jogo em sua vida de adulto circunspecto!

Repertório da esperança

Para se inspirar e provar o quanto é fácil os sonhos tomarem uma forma, habitue-se a guardar histórias positivas. Quanto mais seu espírito estiver imbuído dessas histórias, menos dúvidas terá.

Alguns exemplos:

Encontro jornalístico

Uma jovem mulher sonhava em atrair um namorado. Ela havia feito uma lista dos critérios obrigatórios para seu charmoso príncipe e havia até mesmo recortado uma foto de um homem com o aspecto procurado numa revista local.

Qual foi sua surpresa ao vê-lo chegando na empresa em que trabalhava. Ele acabara de ser contratado. E, para selar essa deliciosa atração, eles enviaram flores um ao outro, do mesmo florista, no mesmo dia. O casal viveu uma relação duradoura nos anos que se seguiram!

Os atalhos divinos ou a teoria do "tudo é perfeito..."

Uma mulher havia encontrado o que parecia ser o apartamento perfeito. Ela estava encantada com a ideia de ir morar naquele lugar. Preparava-se para mudar decorando, em seu pensamento, imaginando viver ali tranquilamente. Mas, pouco tempo após a assinatura do contrato de locação, o proprietário a contatou para discutir um problema...

Ele havia anulado a compra da casa de seus sonhos, adquirida havia pouco tempo, por causa de um vício oculto. Não encontrando outro lugar para viver, ele convidava a locadora a visitar outro apartamento, no mesmo condomínio, para tentar persuadi-la a se mudar. Assim, ele poderia morar em seu apartamento enquanto procurava outra casa.

Contrariada, ela decide ser gentil e foi olhar o apartamento proposto pelo locatário. Extasiada, ela se deparou com uma moradia ainda mais apropriada a suas necessidades. O preço de locação era mais elevado, mas o proprietário aceitou que ela pagasse o mesmo valor da locação precedente para resolver a situação de todos os envolvidos.

As aparências às vezes enganam e a vida pode nos reservar boas surpresas. Por isso é essencial desenvolver o otimismo, nos esforçando para perceber o lado bom das coisas. Lembre-se:

TUDO É PERFEITO!

Consulte o barômetro de atração

Sempre que possível, observe seu barômetro de atração para saber se você está funcionando em modo atrativo ou repulsivo.

Para ativar essa ferramenta de medida, será necessário colocar-se algumas questões:

Como me sinto?

Caso se sinta bem, alegre, despreocupado, confiante e vibrando positivamente, você está em modo atrativo.
Por outro lado, sentindo-se cansado, irritado, impaciente, sem coragem ou inferiorizado, você está no modo repulsivo.

Para ajudá-lo a se sentir bem o mais frequentemente possível, faça treinos de pensamentos positivos e estimulantes. Ofereça-se pequenos prazeres cotidianos e faça o necessário para sentir o amor, a gratidão e a alegria.

Com frequência o movimento produzirá rapidamente um efeito benéfico. Nas imagens abaixo, identifique suas estratégias de movimento preferidas:

Prepare-se para a colheita!

Colhemos o que plantamos!

Como o jardineiro que planta sementes de cenoura colherá certamente cenouras (e não alface!), você colherá o que semeou. E como o jardineiro, esperando a colheita, cuide de sua horta. Assegure-se de eliminar aquilo que atrapalha (retire as ervas daninhas da vida!) e faça o bem a si mesmo.

Por outro lado, prepare imediatamente suas ferramentas... Faça uma lista daquilo que lhe faz bem:
- ....
- ....
- ....

A partir do momento em que o desejo surge em você, todo o universo conspira para sua realização. Sua única responsabilidade nessa etapa consiste em **PERMITIR**.

Permitir significa que você deixará que a atração se realize. Você sabe exatamente o que quer, mas não sabe como será **MATERIALIZADO**.

O importante é sempre permanecer determinado e confiante em relação ao que deseja. Veja dentro de si mesmo, sinta. É sua única responsabilidade. Para o restante, a vida se encarrega!

Pense em tudo o que realizou até hoje. Aconteceu como você havia previsto? Raramente, não é mesmo? A vida tem muitos truques em seu chapéu. (Ela seria mágica?) Existe um mundo infinito de possibilidades que nem sequer imaginamos. Por isso é preciso desprender-se da maneira como vai se desenvolver e se realizar aquilo que desejamos.

Vamos permanecer no momento presente com a imagem clara do que desejamos; em seguida, fiquemos à escuta para agir de maneira inspiradora conforme nossas intuições. Você ficará surpreso com os resultados!

Contrato comigo mesmo

Para assimilar a matéria deste caderno de exercícios e trilhar pelos caminhos da felicidade e do sucesso, comprometa-se com o seguinte contrato:

CONTRATO COMIGO MESMO

1 - Depois da leitura do caderno, o que ficou de mais importante?

----

2 - Qual é meu sonho mais almejado?

----

3 - Qual é a ação mais simples e fácil de ser executada no sentido de realizá-la?

----

4 - Para me recompensar por essa primeira ação significativa, me oferecerei a seguinte recompensa:

Nos próximos 30 dias eu me comprometo a completar essa primeira etapa necessária à realização de meu objetivo.

Assinatura: _____ Data: _____

"Tudo o que pode fazer ou sonha em fazer, faça-o; a audácia é feita de talento, de poder e de magia."

Goethe

Passe adiante!

Sabe qual a melhor maneira de assimilar tudo o que acabou de aprender? Fale com outras pessoas.

Sem hesitar, teste o conteúdo deste caderno e comente com os conhecidos. Tudo é movimento na vida. Nada fica estagnado. Assim, faça sua parte: entre na dança. Siga o ritmo da felicidade e do sucesso. Continuamente, doe aos outros o que aprendeu ou experimentou. Seu poder será multiplicado por 10!

Você tem escolha

Tudo é sempre uma questão de escolha!

Você pode escolher a vida de seus sonhos ou...
- aceitar o que é dado e acreditar que você não conseguiria mais nada além disso...
- viver no passado lamentando e relembrando tudo o que aconteceu de ruim...
- pensar que não merece as boas coisas que a vida pode oferecer...
- contentar-se com pouco...

Ou então você pode...

- acreditar que é poderoso, além do que pode imaginar!
- desenvolver talentos e aptidões e ter sua vida em suas mãos!
- colher os formidáveis benefícios de uma vida consciente, generosa de qualquer ponto de vista e necessariamente abundante.

O que você escolhe?

Seu futuro está em suas mãos!

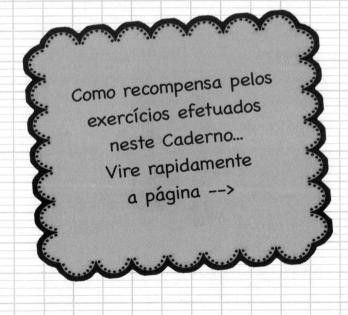

Receita dos maravilhosos **petits** gâteaux de chocolate

(para 4 bolinhos)

Ingredientes:

- 3 ovos inteiros + 2 gemas
- 125g de manteiga
- 115g de chocolate meio-amargo picado
- 45g de açúcar
- 85g de farinha de trigo

ATENÇÃO
ASSE EM FORNO A
375º FAHRENHEIT OU
190º CELSIUS
POR FAVOR, NÃO INVERTA!

Modo de preparar:

Derreta a manteiga. Acrescente o chocolate e o açúcar.
Bata os ovos. Incorpore delicadamente a farinha e a mistura de manteiga, chocolate e açúcar.
Coloque essa mistura em 4 pequenos ramequins untados com manteiga e enfarinhados.
Assar em forno pré-aquecido a 190º Celsius durante 10 a 12 minutos.
Para servir, desenforme diretamente em pratinhos e salpique com açúcar de confeiteiro. Sirva com uma compota de frutas de sua preferência e uma cereja para decorar, se você assim o desejar!

Bonito, bom e esplêndido, como a vida também pode ser!

*Agradeço a Liliane Lacroix, fada da felicidade e dos **petits gâteaux** de chocolate!*

Que a felicidade e o sucesso acompanhem a todos!

Pequena bibliografia da felicidade e do sucesso

AUCLAIR, M. *Le livre du bonheur*. Paris: Du Seuil, 1959.

BYRNE, R. *Le secret*, 2008 [Un monde different].

CANFIELD, J. *Le succès selon Jack*, 2005 [Un monde different].

GOUNELLE, L. *L'homme qui voulait être heureux*. Paris: Anne Carrière, 2008.

HILL, N. *Réflechissez et devenez riche*. Éd. de l'Homme, 1996.

LE CAM, Y. *ABC de la pensée créatrice*. Paris: Grancher, 2007.

VITALE, J. *Le facteur d'atraction*, 2006 [Un monde different].

Coleção Praticando o Bem-estar
Selecione sua próxima leitura

- ☐ Caderno de exercícios para aprender a ser feliz
- ☐ Caderno de exercícios para saber desapegar-se
- ☐ Caderno de exercícios para aumentar a autoestima
- ☐ Caderno de exercícios para superar as crises
- ☐ Caderno de exercícios para descobrir os seus talentos ocultos
- ☐ Caderno de exercícios de meditação no cotidiano
- ☐ Caderno de exercícios para ficar zen em um mundo agitado
- ☐ Caderno de exercícios de inteligência emocional
- ☐ Caderno de exercícios para cuidar de si mesmo
- ☐ Caderno de exercícios para cultivar a alegria de viver no cotidiano
- ☐ Caderno de exercícios e dicas para fazer amigos e ampliar suas relações
- ☐ Caderno de exercícios para desacelerar quando tudo vai rápido demais
- ☐ Caderno de exercícios para aprender a amar-se, amar e - por que não? - ser amad(a)
- ☐ Caderno de exercícios para ousar realizar seus sonhos
- ☐ Caderno de exercícios para saber maravilhar-se
- ☐ Caderno de exercícios para ver tudo cor-de-rosa
- ☐ Caderno de exercícios para se afirmar e - enfim - ousar dizer não
- ☐ Caderno de exercícios para viver sua raiva de forma positiva
- ☐ Caderno de exercícios para se desvencilhar de tudo o que é inútil
- ☐ Caderno de exercícios de simplicidade feliz
- ☐ Caderno de exercícios para viver livre e parar de se culpar
- ☐ Caderno de exercícios dos fabulosos poderes da generosidade
- ☐ Caderno de exercícios para aceitar seu próprio corpo
- ☐ Caderno de exercícios de gratidão
- ☐ Caderno de exercícios para evoluir graças às pessoas difíceis
- ☐ Caderno de exercícios de atenção plena
- ☐ Caderno de exercícios para fazer casais felizes
- ☐ Caderno de exercícios para aliviar as feridas do coração
- ☐ Caderno de exercícios de comunicação não verbal
- ☐ Caderno de exercícios para se organizar melhor e viver sem estresse
- ☐ Caderno de exercícios de eficácia pessoal
- ☐ Caderno de exercícios para ousar mudar a sua vida
- ☐ Caderno de exercícios para praticar a lei da atração
- ☐ Caderno de exercícios para gestão de conflitos
- ☐ Caderno de exercícios do perdão segundo o Ho'oponopono
- ☐ Caderno de exercícios para atrair felicidade e sucesso
- ☐ Caderno de exercícios de Psicologia Positiva
- ☐ Caderno de exercícios de Comunicação Não Violenta
- ☐ Caderno de exercícios para se libertar de seus medos
- ☐ Caderno de exercícios de gentileza
- ☐ Caderno de exercícios de Comunicação Não Violenta com as crianças
- ☐ Caderno de exercícios de espiritualidade simples como uma xícara de chá
- ☐ Caderno de exercícios para praticar o Ho'oponopono
- ☐ Caderno de exercícios para convencer facilmente em qualquer situação
- ☐ Caderno de exercícios de arteterapia
- ☐ Caderno de exercícios para se libertar das relações tóxicas
- ☐ Caderno de exercícios para se proteger do Burnout graças à Comunicação Não Violenta
- ☐ Caderno de exercícios de escuta profunda de si
- ☐ Caderno de exercícios para desenvolver uma mentalidade de ganhador
- ☐ Caderno de exercícios para ser sexy, zen e feliz
- ☐ Caderno de exercícios para identificar as feridas do coração
- ☐ Caderno de exercícios de hipnose